A

INTERNET SEITE

BENUTZERNAME

PASSWORT

PIN/HINWEIS

SONSTIGES

INTERNET SEITE

BENUTZERNAME

PASSWORT

PIN/HINWEIS

SONSTIGES

INTERNET SEITE

BENUTZERNAME

PASSWORT

PIN/HINWEIS

SONSTIGES

INTERNET SEITE

BENUTZERNAME

PASSWORT

PIN/HINWEIS

SONSTIGES

A

INTERNET SEITE

BENUTZERNAME

PASSWORT

PIN/HINWEIS

SONSTIGES

INTERNET SEITE

BENUTZERNAME

PASSWORT

PIN/HINWEIS

SONSTIGES

INTERNET SEITE

BENUTZERNAME

PASSWORT

PIN/HINWEIS

SONSTIGES

INTERNET SEITE

BENUTZERNAME

PASSWORT

PIN/HINWEIS

SONSTIGES

A

INTERNET SEITE

BENUTZERNAME

PASSWORT

PIN/HINWEIS

SONSTIGES

INTERNET SEITE

BENUTZERNAME

PASSWORT

PIN/HINWEIS

SONSTIGES

INTERNET SEITE

BENUTZERNAME

PASSWORT

PIN/HINWEIS

SONSTIGES

INTERNET SEITE

BENUTZERNAME

PASSWORT

PIN/HINWEIS

SONSTIGES

A

INTERNET SEITE

BENUTZERNAME

PASSWORT

PIN/HINWEIS

SONSTIGES

INTERNET SEITE

BENUTZERNAME

PASSWORT

PIN/HINWEIS

SONSTIGES

INTERNET SEITE

BENUTZERNAME

PASSWORT

PIN/HINWEIS

SONSTIGES

INTERNET SEITE

BENUTZERNAME

PASSWORT

PIN/HINWEIS

SONSTIGES

B

INTERNET SEITE

BENUTZERNAME

PASSWORT

PIN/HINWEIS

SONSTIGES

INTERNET SEITE

BENUTZERNAME

PASSWORT

PIN/HINWEIS

SONSTIGES

INTERNET SEITE

BENUTZERNAME

PASSWORT

PIN/HINWEIS

SONSTIGES

INTERNET SEITE

BENUTZERNAME

PASSWORT

PIN/HINWEIS

SONSTIGES

B

INTERNET SEITE

BENUTZERNAME

PASSWORT

PIN/HINWEIS

SONSTIGES

INTERNET SEITE

BENUTZERNAME

PASSWORT

PIN/HINWEIS

SONSTIGES

INTERNET SEITE

BENUTZERNAME

PASSWORT

PIN/HINWEIS

SONSTIGES

INTERNET SEITE

BENUTZERNAME

PASSWORT

PIN/HINWEIS

SONSTIGES

B

INTERNET SEITE

BENUTZERNAME

PASSWORT

PIN/HINWEIS

SONSTIGES

INTERNET SEITE

BENUTZERNAME

PASSWORT

PIN/HINWEIS

SONSTIGES

INTERNET SEITE

BENUTZERNAME

PASSWORT

PIN/HINWEIS

SONSTIGES

INTERNET SEITE

BENUTZERNAME

PASSWORT

PIN/HINWEIS

SONSTIGES

INTERNET SEITE

BENUTZERNAME

PASSWORT

PIN/HINWEIS

SONSTIGES

INTERNET SEITE

BENUTZERNAME

PASSWORT

PIN/HINWEIS

SONSTIGES

INTERNET SEITE

BENUTZERNAME

PASSWORT

PIN/HINWEIS

SONSTIGES

INTERNET SEITE

BENUTZERNAME

PASSWORT

PIN/HINWEIS

SONSTIGES

C

INTERNET SEITE

BENUTZERNAME

PASSWORT

PIN/HINWEIS

SONSTIGES

INTERNET SEITE

BENUTZERNAME

PASSWORT

PIN/HINWEIS

SONSTIGES

INTERNET SEITE

BENUTZERNAME

PASSWORT

PIN/HINWEIS

SONSTIGES

INTERNET SEITE

BENUTZERNAME

PASSWORT

PIN/HINWEIS

SONSTIGES

INTERNET SEITE

BENUTZERNAME

PASSWORT

PIN/HINWEIS

SONSTIGES

INTERNET SEITE

BENUTZERNAME

PASSWORT

PIN/HINWEIS

SONSTIGES

INTERNET SEITE

BENUTZERNAME

PASSWORT

PIN/HINWEIS

SONSTIGES

INTERNET SEITE

BENUTZERNAME

PASSWORT

PIN/HINWEIS

SONSTIGES

C

INTERNET SEITE

BENUTZERNAME

PASSWORT

PIN/HINWEIS

SONSTIGES

INTERNET SEITE

BENUTZERNAME

PASSWORT

PIN/HINWEIS

SONSTIGES

INTERNET SEITE

BENUTZERNAME

PASSWORT

PIN/HINWEIS

SONSTIGES

INTERNET SEITE

BENUTZERNAME

PASSWORT

PIN/HINWEIS

SONSTIGES

C

INTERNET SEITE

BENUTZERNAME

PASSWORT

PIN/HINWEIS

SONSTIGES

INTERNET SEITE

BENUTZERNAME

PASSWORT

PIN/HINWEIS

SONSTIGES

INTERNET SEITE

BENUTZERNAME

PASSWORT

PIN/HINWEIS

SONSTIGES

INTERNET SEITE

BENUTZERNAME

PASSWORT

PIN/HINWEIS

SONSTIGES

D

INTERNET SEITE

BENUTZERNAME

PASSWORT

PIN/HINWEIS

SONSTIGES

INTERNET SEITE

BENUTZERNAME

PASSWORT

PIN/HINWEIS

SONSTIGES

INTERNET SEITE

BENUTZERNAME

PASSWORT

PIN/HINWEIS

SONSTIGES

INTERNET SEITE

BENUTZERNAME

PASSWORT

PIN/HINWEIS

SONSTIGES

INTERNET SEITE

BENUTZERNAME

PASSWORT

PIN/HINWEIS

SONSTIGES

INTERNET SEITE

BENUTZERNAME

PASSWORT

PIN/HINWEIS

SONSTIGES

INTERNET SEITE

BENUTZERNAME

PASSWORT

PIN/HINWEIS

SONSTIGES

INTERNET SEITE

BENUTZERNAME

PASSWORT

PIN/HINWEIS

SONSTIGES

D

INTERNET SEITE

BENUTZERNAME

PASSWORT

PIN/HINWEIS

SONSTIGES

INTERNET SEITE

BENUTZERNAME

PASSWORT

PIN/HINWEIS

SONSTIGES

INTERNET SEITE

BENUTZERNAME

PASSWORT

PIN/HINWEIS

SONSTIGES

INTERNET SEITE

BENUTZERNAME

PASSWORT

PIN/HINWEIS

SONSTIGES

INTERNET SEITE

BENUTZERNAME

PASSWORT

PIN/HINWEIS

SONSTIGES

INTERNET SEITE

BENUTZERNAME

PASSWORT

PIN/HINWEIS

SONSTIGES

INTERNET SEITE

BENUTZERNAME

PASSWORT

PIN/HINWEIS

SONSTIGES

INTERNET SEITE

BENUTZERNAME

PASSWORT

PIN/HINWEIS

SONSTIGES

E

INTERNET SEITE

BENUTZERNAME

PASSWORT

PIN/HINWEIS

SONSTIGES

INTERNET SEITE

BENUTZERNAME

PASSWORT

PIN/HINWEIS

SONSTIGES

INTERNET SEITE

BENUTZERNAME

PASSWORT

PIN/HINWEIS

SONSTIGES

INTERNET SEITE

BENUTZERNAME

PASSWORT

PIN/HINWEIS

SONSTIGES

E

INTERNET SEITE

BENUTZERNAME

PASSWORT

PIN/HINWEIS

SONSTIGES

INTERNET SEITE

BENUTZERNAME

PASSWORT

PIN/HINWEIS

SONSTIGES

INTERNET SEITE

BENUTZERNAME

PASSWORT

PIN/HINWEIS

SONSTIGES

INTERNET SEITE

BENUTZERNAME

PASSWORT

PIN/HINWEIS

SONSTIGES

E

INTERNET SEITE

BENUTZERNAME

PASSWORT

PIN/HINWEIS

SONSTIGES

INTERNET SEITE

BENUTZERNAME

PASSWORT

PIN/HINWEIS

SONSTIGES

INTERNET SEITE

BENUTZERNAME

PASSWORT

PIN/HINWEIS

SONSTIGES

INTERNET SEITE

BENUTZERNAME

PASSWORT

PIN/HINWEIS

SONSTIGES

INTERNET SEITE
BENUTZERNAME
PASSWORT
PIN/HINWEIS
SONSTIGES

INTERNET SEITE
BENUTZERNAME
PASSWORT
PIN/HINWEIS
SONSTIGES

INTERNET SEITE
BENUTZERNAME
PASSWORT
PIN/HINWEIS
SONSTIGES

INTERNET SEITE
BENUTZERNAME
PASSWORT
PIN/HINWEIS
SONSTIGES

F

INTERNET SEITE

BENUTZERNAME

PASSWORT

PIN/HINWEIS

SONSTIGES

INTERNET SEITE

BENUTZERNAME

PASSWORT

PIN/HINWEIS

SONSTIGES

INTERNET SEITE

BENUTZERNAME

PASSWORT

PIN/HINWEIS

SONSTIGES

INTERNET SEITE

BENUTZERNAME

PASSWORT

PIN/HINWEIS

SONSTIGES

F

INTERNET SEITE

BENUTZERNAME

PASSWORT

PIN/HINWEIS

SONSTIGES

INTERNET SEITE

BENUTZERNAME

PASSWORT

PIN/HINWEIS

SONSTIGES

INTERNET SEITE

BENUTZERNAME

PASSWORT

PIN/HINWEIS

SONSTIGES

INTERNET SEITE

BENUTZERNAME

PASSWORT

PIN/HINWEIS

SONSTIGES

F

INTERNET SEITE

BENUTZERNAME

PASSWORT

PIN/HINWEIS

SONSTIGES

INTERNET SEITE

BENUTZERNAME

PASSWORT

PIN/HINWEIS

SONSTIGES

INTERNET SEITE

BENUTZERNAME

PASSWORT

PIN/HINWEIS

SONSTIGES

INTERNET SEITE

BENUTZERNAME

PASSWORT

PIN/HINWEIS

SONSTIGES

F

INTERNET SEITE

BENUTZERNAME

PASSWORT

PIN/HINWEIS

SONSTIGES

INTERNET SEITE

BENUTZERNAME

PASSWORT

PIN/HINWEIS

SONSTIGES

INTERNET SEITE

BENUTZERNAME

PASSWORT

PIN/HINWEIS

SONSTIGES

INTERNET SEITE

BENUTZERNAME

PASSWORT

PIN/HINWEIS

SONSTIGES

G

INTERNET SEITE

BENUTZERNAME

PASSWORT

PIN/HINWEIS

SONSTIGES

INTERNET SEITE

BENUTZERNAME

PASSWORT

PIN/HINWEIS

SONSTIGES

INTERNET SEITE

BENUTZERNAME

PASSWORT

PIN/HINWEIS

SONSTIGES

INTERNET SEITE

BENUTZERNAME

PASSWORT

PIN/HINWEIS

SONSTIGES

G

INTERNET SEITE

BENUTZERNAME

PASSWORT

PIN/HINWEIS

SONSTIGES

INTERNET SEITE

BENUTZERNAME

PASSWORT

PIN/HINWEIS

SONSTIGES

INTERNET SEITE

BENUTZERNAME

PASSWORT

PIN/HINWEIS

SONSTIGES

INTERNET SEITE

BENUTZERNAME

PASSWORT

PIN/HINWEIS

SONSTIGES

G

INTERNET SEITE

BENUTZERNAME

PASSWORT

PIN/HINWEIS

SONSTIGES

INTERNET SEITE

BENUTZERNAME

PASSWORT

PIN/HINWEIS

SONSTIGES

INTERNET SEITE

BENUTZERNAME

PASSWORT

PIN/HINWEIS

SONSTIGES

INTERNET SEITE

BENUTZERNAME

PASSWORT

PIN/HINWEIS

SONSTIGES

INTERNET SEITE

BENUTZERNAME

PASSWORT

PIN/HINWEIS

SONSTIGES

INTERNET SEITE

BENUTZERNAME

PASSWORT

PIN/HINWEIS

SONSTIGES

INTERNET SEITE

BENUTZERNAME

PASSWORT

PIN/HINWEIS

SONSTIGES

INTERNET SEITE

BENUTZERNAME

PASSWORT

PIN/HINWEIS

SONSTIGES

H

INTERNET SEITE

BENUTZERNAME

PASSWORT

PIN/HINWEIS

SONSTIGES

INTERNET SEITE

BENUTZERNAME

PASSWORT

PIN/HINWEIS

SONSTIGES

INTERNET SEITE

BENUTZERNAME

PASSWORT

PIN/HINWEIS

SONSTIGES

INTERNET SEITE

BENUTZERNAME

PASSWORT

PIN/HINWEIS

SONSTIGES

H

INTERNET SEITE

BENUTZERNAME

PASSWORT

PIN/HINWEIS

SONSTIGES

INTERNET SEITE

BENUTZERNAME

PASSWORT

PIN/HINWEIS

SONSTIGES

INTERNET SEITE

BENUTZERNAME

PASSWORT

PIN/HINWEIS

SONSTIGES

INTERNET SEITE

BENUTZERNAME

PASSWORT

PIN/HINWEIS

SONSTIGES

H

INTERNET SEITE

BENUTZERNAME

PASSWORT

PIN/HINWEIS

SONSTIGES

INTERNET SEITE

BENUTZERNAME

PASSWORT

PIN/HINWEIS

SONSTIGES

INTERNET SEITE

BENUTZERNAME

PASSWORT

PIN/HINWEIS

SONSTIGES

INTERNET SEITE

BENUTZERNAME

PASSWORT

PIN/HINWEIS

SONSTIGES

H

INTERNET SEITE

BENUTZERNAME

PASSWORT

PIN/HINWEIS

SONSTIGES

INTERNET SEITE

BENUTZERNAME

PASSWORT

PIN/HINWEIS

SONSTIGES

INTERNET SEITE

BENUTZERNAME

PASSWORT

PIN/HINWEIS

SONSTIGES

INTERNET SEITE

BENUTZERNAME

PASSWORT

PIN/HINWEIS

SONSTIGES

INTERNET SEITE

BENUTZERNAME

PASSWORT

PIN/HINWEIS

SONSTIGES

INTERNET SEITE

BENUTZERNAME

PASSWORT

PIN/HINWEIS

SONSTIGES

INTERNET SEITE

BENUTZERNAME

PASSWORT

PIN/HINWEIS

SONSTIGES

INTERNET SEITE

BENUTZERNAME

PASSWORT

PIN/HINWEIS

SONSTIGES

I

INTERNET SEITE

BENUTZERNAME

PASSWORT

PIN/HINWEIS

SONSTIGES

INTERNET SEITE

BENUTZERNAME

PASSWORT

PIN/HINWEIS

SONSTIGES

INTERNET SEITE

BENUTZERNAME

PASSWORT

PIN/HINWEIS

SONSTIGES

INTERNET SEITE

BENUTZERNAME

PASSWORT

PIN/HINWEIS

SONSTIGES

I

INTERNET SEITE

BENUTZERNAME

PASSWORT

PIN/HINWEIS

SONSTIGES

INTERNET SEITE

BENUTZERNAME

PASSWORT

PIN/HINWEIS

SONSTIGES

INTERNET SEITE

BENUTZERNAME

PASSWORT

PIN/HINWEIS

SONSTIGES

INTERNET SEITE

BENUTZERNAME

PASSWORT

PIN/HINWEIS

SONSTIGES

I

INTERNET SEITE

BENUTZERNAME

PASSWORT

PIN/HINWEIS

SONSTIGES

INTERNET SEITE

BENUTZERNAME

PASSWORT

PIN/HINWEIS

SONSTIGES

INTERNET SEITE

BENUTZERNAME

PASSWORT

PIN/HINWEIS

SONSTIGES

INTERNET SEITE

BENUTZERNAME

PASSWORT

PIN/HINWEIS

SONSTIGES

J

INTERNET SEITE

BENUTZERNAME

PASSWORT

PIN/HINWEIS

SONSTIGES

INTERNET SEITE

BENUTZERNAME

PASSWORT

PIN/HINWEIS

SONSTIGES

INTERNET SEITE

BENUTZERNAME

PASSWORT

PIN/HINWEIS

SONSTIGES

INTERNET SEITE

BENUTZERNAME

PASSWORT

PIN/HINWEIS

SONSTIGES

J

INTERNET SEITE

BENUTZERNAME

PASSWORT

PIN/HINWEIS

SONSTIGES

INTERNET SEITE

BENUTZERNAME

PASSWORT

PIN/HINWEIS

SONSTIGES

INTERNET SEITE

BENUTZERNAME

PASSWORT

PIN/HINWEIS

SONSTIGES

INTERNET SEITE

BENUTZERNAME

PASSWORT

PIN/HINWEIS

SONSTIGES

J

INTERNET SEITE

BENUTZERNAME

PASSWORT

PIN/HINWEIS

SONSTIGES

INTERNET SEITE

BENUTZERNAME

PASSWORT

PIN/HINWEIS

SONSTIGES

INTERNET SEITE

BENUTZERNAME

PASSWORT

PIN/HINWEIS

SONSTIGES

INTERNET SEITE

BENUTZERNAME

PASSWORT

PIN/HINWEIS

SONSTIGES

INTERNET SEITE

BENUTZERNAME

PASSWORT

PIN/HINWEIS

SONSTIGES

INTERNET SEITE

BENUTZERNAME

PASSWORT

PIN/HINWEIS

SONSTIGES

INTERNET SEITE

BENUTZERNAME

PASSWORT

PIN/HINWEIS

SONSTIGES

INTERNET SEITE

BENUTZERNAME

PASSWORT

PIN/HINWEIS

SONSTIGES

INTERNET SEITE

BENUTZERNAME

PASSWORT

PIN/HINWEIS

SONSTIGES

INTERNET SEITE

BENUTZERNAME

PASSWORT

PIN/HINWEIS

SONSTIGES

INTERNET SEITE

BENUTZERNAME

PASSWORT

PIN/HINWEIS

SONSTIGES

INTERNET SEITE

BENUTZERNAME

PASSWORT

PIN/HINWEIS

SONSTIGES

INTERNET SEITE

BENUTZERNAME

PASSWORT

PIN/HINWEIS

SONSTIGES

INTERNET SEITE

BENUTZERNAME

PASSWORT

PIN/HINWEIS

SONSTIGES

INTERNET SEITE

BENUTZERNAME

PASSWORT

PIN/HINWEIS

SONSTIGES

INTERNET SEITE

BENUTZERNAME

PASSWORT

PIN/HINWEIS

SONSTIGES

K

INTERNET SEITE

BENUTZERNAME

PASSWORT

PIN/HINWEIS

SONSTIGES

INTERNET SEITE

BENUTZERNAME

PASSWORT

PIN/HINWEIS

SONSTIGES

INTERNET SEITE

BENUTZERNAME

PASSWORT

PIN/HINWEIS

SONSTIGES

INTERNET SEITE

BENUTZERNAME

PASSWORT

PIN/HINWEIS

SONSTIGES

K

INTERNET SEITE

BENUTZERNAME

PASSWORT

PIN/HINWEIS

SONSTIGES

INTERNET SEITE

BENUTZERNAME

PASSWORT

PIN/HINWEIS

SONSTIGES

INTERNET SEITE

BENUTZERNAME

PASSWORT

PIN/HINWEIS

SONSTIGES

INTERNET SEITE

BENUTZERNAME

PASSWORT

PIN/HINWEIS

SONSTIGES

L

INTERNET SEITE

BENUTZERNAME

PASSWORT

PIN/HINWEIS

SONSTIGES

INTERNET SEITE

BENUTZERNAME

PASSWORT

PIN/HINWEIS

SONSTIGES

INTERNET SEITE

BENUTZERNAME

PASSWORT

PIN/HINWEIS

SONSTIGES

INTERNET SEITE

BENUTZERNAME

PASSWORT

PIN/HINWEIS

SONSTIGES

L

INTERNET SEITE

BENUTZERNAME

PASSWORT

PIN/HINWEIS

SONSTIGES

INTERNET SEITE

BENUTZERNAME

PASSWORT

PIN/HINWEIS

SONSTIGES

INTERNET SEITE

BENUTZERNAME

PASSWORT

PIN/HINWEIS

SONSTIGES

INTERNET SEITE

BENUTZERNAME

PASSWORT

PIN/HINWEIS

SONSTIGES

L

INTERNET SEITE

BENUTZERNAME

PASSWORT

PIN/HINWEIS

SONSTIGES

INTERNET SEITE

BENUTZERNAME

PASSWORT

PIN/HINWEIS

SONSTIGES

INTERNET SEITE

BENUTZERNAME

PASSWORT

PIN/HINWEIS

SONSTIGES

INTERNET SEITE

BENUTZERNAME

PASSWORT

PIN/HINWEIS

SONSTIGES

L

INTERNET SEITE
BENUTZERNAME
PASSWORT
PIN/HINWEIS
SONSTIGES

INTERNET SEITE
BENUTZERNAME
PASSWORT
PIN/HINWEIS
SONSTIGES

INTERNET SEITE
BENUTZERNAME
PASSWORT
PIN/HINWEIS
SONSTIGES

INTERNET SEITE
BENUTZERNAME
PASSWORT
PIN/HINWEIS
SONSTIGES

M

INTERNET SEITE

BENUTZERNAME

PASSWORT

PIN/HINWEIS

SONSTIGES

INTERNET SEITE

BENUTZERNAME

PASSWORT

PIN/HINWEIS

SONSTIGES

INTERNET SEITE

BENUTZERNAME

PASSWORT

PIN/HINWEIS

SONSTIGES

INTERNET SEITE

BENUTZERNAME

PASSWORT

PIN/HINWEIS

SONSTIGES

INTERNET SEITE

BENUTZERNAME

PASSWORT

PIN/HINWEIS

SONSTIGES

INTERNET SEITE

BENUTZERNAME

PASSWORT

PIN/HINWEIS

SONSTIGES

INTERNET SEITE

BENUTZERNAME

PASSWORT

PIN/HINWEIS

SONSTIGES

INTERNET SEITE

BENUTZERNAME

PASSWORT

PIN/HINWEIS

SONSTIGES

M

INTERNET SEITE

BENUTZERNAME

PASSWORT

PIN/HINWEIS

SONSTIGES

INTERNET SEITE

BENUTZERNAME

PASSWORT

PIN/HINWEIS

SONSTIGES

INTERNET SEITE

BENUTZERNAME

PASSWORT

PIN/HINWEIS

SONSTIGES

INTERNET SEITE

BENUTZERNAME

PASSWORT

PIN/HINWEIS

SONSTIGES

M

INTERNET SEITE

BENUTZERNAME

PASSWORT

PIN/HINWEIS

SONSTIGES

INTERNET SEITE

BENUTZERNAME

PASSWORT

PIN/HINWEIS

SONSTIGES

INTERNET SEITE

BENUTZERNAME

PASSWORT

PIN/HINWEIS

SONSTIGES

INTERNET SEITE

BENUTZERNAME

PASSWORT

PIN/HINWEIS

SONSTIGES

N

INTERNET SEITE

BENUTZERNAME

PASSWORT

PIN/HINWEIS

SONSTIGES

INTERNET SEITE

BENUTZERNAME

PASSWORT

PIN/HINWEIS

SONSTIGES

INTERNET SEITE

BENUTZERNAME

PASSWORT

PIN/HINWEIS

SONSTIGES

INTERNET SEITE

BENUTZERNAME

PASSWORT

PIN/HINWEIS

SONSTIGES

N

INTERNET SEITE

BENUTZERNAME

PASSWORT

PIN/HINWEIS

SONSTIGES

INTERNET SEITE

BENUTZERNAME

PASSWORT

PIN/HINWEIS

SONSTIGES

INTERNET SEITE

BENUTZERNAME

PASSWORT

PIN/HINWEIS

SONSTIGES

INTERNET SEITE

BENUTZERNAME

PASSWORT

PIN/HINWEIS

SONSTIGES

N

INTERNET SEITE

BENUTZERNAME

PASSWORT

PIN/HINWEIS

SONSTIGES

INTERNET SEITE

BENUTZERNAME

PASSWORT

PIN/HINWEIS

SONSTIGES

INTERNET SEITE

BENUTZERNAME

PASSWORT

PIN/HINWEIS

SONSTIGES

INTERNET SEITE

BENUTZERNAME

PASSWORT

PIN/HINWEIS

SONSTIGES

N

INTERNET SEITE

BENUTZERNAME

PASSWORT

PIN/HINWEIS

SONSTIGES

INTERNET SEITE

BENUTZERNAME

PASSWORT

PIN/HINWEIS

SONSTIGES

INTERNET SEITE

BENUTZERNAME

PASSWORT

PIN/HINWEIS

SONSTIGES

INTERNET SEITE

BENUTZERNAME

PASSWORT

PIN/HINWEIS

SONSTIGES

O

INTERNET SEITE

BENUTZERNAME

PASSWORT

PIN/HINWEIS

SONSTIGES

INTERNET SEITE

BENUTZERNAME

PASSWORT

PIN/HINWEIS

SONSTIGES

INTERNET SEITE

BENUTZERNAME

PASSWORT

PIN/HINWEIS

SONSTIGES

INTERNET SEITE

BENUTZERNAME

PASSWORT

PIN/HINWEIS

SONSTIGES

INTERNET SEITE

BENUTZERNAME

PASSWORT

PIN/HINWEIS

SONSTIGES

INTERNET SEITE

BENUTZERNAME

PASSWORT

PIN/HINWEIS

SONSTIGES

INTERNET SEITE

BENUTZERNAME

PASSWORT

PIN/HINWEIS

SONSTIGES

INTERNET SEITE

BENUTZERNAME

PASSWORT

PIN/HINWEIS

SONSTIGES

O

INTERNET SEITE

BENUTZERNAME

PASSWORT

PIN/HINWEIS

SONSTIGES

INTERNET SEITE

BENUTZERNAME

PASSWORT

PIN/HINWEIS

SONSTIGES

INTERNET SEITE

BENUTZERNAME

PASSWORT

PIN/HINWEIS

SONSTIGES

INTERNET SEITE

BENUTZERNAME

PASSWORT

PIN/HINWEIS

SONSTIGES

0

INTERNET SEITE

BENUTZERNAME

PASSWORT

PIN/HINWEIS

SONSTIGES

INTERNET SEITE

BENUTZERNAME

PASSWORT

PIN/HINWEIS

SONSTIGES

INTERNET SEITE

BENUTZERNAME

PASSWORT

PIN/HINWEIS

SONSTIGES

INTERNET SEITE

BENUTZERNAME

PASSWORT

PIN/HINWEIS

SONSTIGES

P

INTERNET SEITE

BENUTZERNAME

PASSWORT

PIN/HINWEIS

SONSTIGES

INTERNET SEITE

BENUTZERNAME

PASSWORT

PIN/HINWEIS

SONSTIGES

INTERNET SEITE

BENUTZERNAME

PASSWORT

PIN/HINWEIS

SONSTIGES

INTERNET SEITE

BENUTZERNAME

PASSWORT

PIN/HINWEIS

SONSTIGES

P

INTERNET SEITE

BENUTZERNAME

PASSWORT

PIN/HINWEIS

SONSTIGES

INTERNET SEITE

BENUTZERNAME

PASSWORT

PIN/HINWEIS

SONSTIGES

INTERNET SEITE

BENUTZERNAME

PASSWORT

PIN/HINWEIS

SONSTIGES

INTERNET SEITE

BENUTZERNAME

PASSWORT

PIN/HINWEIS

SONSTIGES

P

INTERNET SEITE

BENUTZERNAME

PASSWORT

PIN/HINWEIS

SONSTIGES

INTERNET SEITE

BENUTZERNAME

PASSWORT

PIN/HINWEIS

SONSTIGES

INTERNET SEITE

BENUTZERNAME

PASSWORT

PIN/HINWEIS

SONSTIGES

INTERNET SEITE

BENUTZERNAME

PASSWORT

PIN/HINWEIS

SONSTIGES

P

INTERNET SEITE

BENUTZERNAME

PASSWORT

PIN/HINWEIS

SONSTIGES

INTERNET SEITE

BENUTZERNAME

PASSWORT

PIN/HINWEIS

SONSTIGES

INTERNET SEITE

BENUTZERNAME

PASSWORT

PIN/HINWEIS

SONSTIGES

INTERNET SEITE

BENUTZERNAME

PASSWORT

PIN/HINWEIS

SONSTIGES

Q

INTERNET SEITE

BENUTZERNAME

PASSWORT

PIN/HINWEIS

SONSTIGES

INTERNET SEITE

BENUTZERNAME

PASSWORT

PIN/HINWEIS

SONSTIGES

INTERNET SEITE

BENUTZERNAME

PASSWORT

PIN/HINWEIS

SONSTIGES

INTERNET SEITE

BENUTZERNAME

PASSWORT

PIN/HINWEIS

SONSTIGES

INTERNET SEITE

BENUTZERNAME

PASSWORT

PIN/HINWEIS

SONSTIGES

INTERNET SEITE

BENUTZERNAME

PASSWORT

PIN/HINWEIS

SONSTIGES

INTERNET SEITE

BENUTZERNAME

PASSWORT

PIN/HINWEIS

SONSTIGES

INTERNET SEITE

BENUTZERNAME

PASSWORT

PIN/HINWEIS

SONSTIGES

Q

INTERNET SEITE

BENUTZERNAME

PASSWORT

PIN/HINWEIS

SONSTIGES

INTERNET SEITE

BENUTZERNAME

PASSWORT

PIN/HINWEIS

SONSTIGES

INTERNET SEITE

BENUTZERNAME

PASSWORT

PIN/HINWEIS

SONSTIGES

INTERNET SEITE

BENUTZERNAME

PASSWORT

PIN/HINWEIS

SONSTIGES

Q

INTERNET SEITE

BENUTZERNAME

PASSWORT

PIN/HINWEIS

SONSTIGES

INTERNET SEITE

BENUTZERNAME

PASSWORT

PIN/HINWEIS

SONSTIGES

INTERNET SEITE

BENUTZERNAME

PASSWORT

PIN/HINWEIS

SONSTIGES

INTERNET SEITE

BENUTZERNAME

PASSWORT

PIN/HINWEIS

SONSTIGES

R

INTERNET SEITE

BENUTZERNAME

PASSWORT

PIN/HINWEIS

SONSTIGES

INTERNET SEITE

BENUTZERNAME

PASSWORT

PIN/HINWEIS

SONSTIGES

INTERNET SEITE

BENUTZERNAME

PASSWORT

PIN/HINWEIS

SONSTIGES

INTERNET SEITE

BENUTZERNAME

PASSWORT

PIN/HINWEIS

SONSTIGES

INTERNET SEITE

BENUTZERNAME

PASSWORT

PIN/HINWEIS

SONSTIGES

INTERNET SEITE

BENUTZERNAME

PASSWORT

PIN/HINWEIS

SONSTIGES

INTERNET SEITE

BENUTZERNAME

PASSWORT

PIN/HINWEIS

SONSTIGES

INTERNET SEITE

BENUTZERNAME

PASSWORT

PIN/HINWEIS

SONSTIGES

INTERNET SEITE

BENUTZERNAME

PASSWORT

PIN/HINWEIS

SONSTIGES

INTERNET SEITE

BENUTZERNAME

PASSWORT

PIN/HINWEIS

SONSTIGES

INTERNET SEITE

BENUTZERNAME

PASSWORT

PIN/HINWEIS

SONSTIGES

INTERNET SEITE

BENUTZERNAME

PASSWORT

PIN/HINWEIS

SONSTIGES

INTERNET SEITE

BENUTZERNAME

PASSWORT

PIN/HINWEIS

SONSTIGES

INTERNET SEITE

BENUTZERNAME

PASSWORT

PIN/HINWEIS

SONSTIGES

INTERNET SEITE

BENUTZERNAME

PASSWORT

PIN/HINWEIS

SONSTIGES

INTERNET SEITE

BENUTZERNAME

PASSWORT

PIN/HINWEIS

SONSTIGES

INTERNET SEITE

BENUTZERNAME

PASSWORT

PIN/HINWEIS

SONSTIGES

INTERNET SEITE

BENUTZERNAME

PASSWORT

PIN/HINWEIS

SONSTIGES

INTERNET SEITE

BENUTZERNAME

PASSWORT

PIN/HINWEIS

SONSTIGES

INTERNET SEITE

BENUTZERNAME

PASSWORT

PIN/HINWEIS

SONSTIGES

S

INTERNET SEITE

BENUTZERNAME

PASSWORT

PIN/HINWEIS

SONSTIGES

INTERNET SEITE

BENUTZERNAME

PASSWORT

PIN/HINWEIS

SONSTIGES

INTERNET SEITE

BENUTZERNAME

PASSWORT

PIN/HINWEIS

SONSTIGES

INTERNET SEITE

BENUTZERNAME

PASSWORT

PIN/HINWEIS

SONSTIGES

S

INTERNET SEITE

BENUTZERNAME

PASSWORT

PIN/HINWEIS

SONSTIGES

INTERNET SEITE

BENUTZERNAME

PASSWORT

PIN/HINWEIS

SONSTIGES

INTERNET SEITE

BENUTZERNAME

PASSWORT

PIN/HINWEIS

SONSTIGES

INTERNET SEITE

BENUTZERNAME

PASSWORT

PIN/HINWEIS

SONSTIGES

INTERNET SEITE

BENUTZERNAME

PASSWORT

PIN/HINWEIS

SONSTIGES

INTERNET SEITE

BENUTZERNAME

PASSWORT

PIN/HINWEIS

SONSTIGES

INTERNET SEITE

BENUTZERNAME

PASSWORT

PIN/HINWEIS

SONSTIGES

INTERNET SEITE

BENUTZERNAME

PASSWORT

PIN/HINWEIS

SONSTIGES

T

INTERNET SEITE

BENUTZERNAME

PASSWORT

PIN/HINWEIS

SONSTIGES

INTERNET SEITE

BENUTZERNAME

PASSWORT

PIN/HINWEIS

SONSTIGES

INTERNET SEITE

BENUTZERNAME

PASSWORT

PIN/HINWEIS

SONSTIGES

INTERNET SEITE

BENUTZERNAME

PASSWORT

PIN/HINWEIS

SONSTIGES

T

INTERNET SEITE

BENUTZERNAME

PASSWORT

PIN/HINWEIS

SONSTIGES

INTERNET SEITE

BENUTZERNAME

PASSWORT

PIN/HINWEIS

SONSTIGES

INTERNET SEITE

BENUTZERNAME

PASSWORT

PIN/HINWEIS

SONSTIGES

INTERNET SEITE

BENUTZERNAME

PASSWORT

PIN/HINWEIS

SONSTIGES

T

INTERNET SEITE

BENUTZERNAME

PASSWORT

PIN/HINWEIS

SONSTIGES

INTERNET SEITE

BENUTZERNAME

PASSWORT

PIN/HINWEIS

SONSTIGES

INTERNET SEITE

BENUTZERNAME

PASSWORT

PIN/HINWEIS

SONSTIGES

INTERNET SEITE

BENUTZERNAME

PASSWORT

PIN/HINWEIS

SONSTIGES

T

INTERNET SEITE

BENUTZERNAME

PASSWORT

PIN/HINWEIS

SONSTIGES

INTERNET SEITE

BENUTZERNAME

PASSWORT

PIN/HINWEIS

SONSTIGES

INTERNET SEITE

BENUTZERNAME

PASSWORT

PIN/HINWEIS

SONSTIGES

INTERNET SEITE

BENUTZERNAME

PASSWORT

PIN/HINWEIS

SONSTIGES

U

INTERNET SEITE

BENUTZERNAME

PASSWORT

PIN/HINWEIS

SONSTIGES

INTERNET SEITE

BENUTZERNAME

PASSWORT

PIN/HINWEIS

SONSTIGES

INTERNET SEITE

BENUTZERNAME

PASSWORT

PIN/HINWEIS

SONSTIGES

INTERNET SEITE

BENUTZERNAME

PASSWORT

PIN/HINWEIS

SONSTIGES

U

INTERNET SEITE

BENUTZERNAME

PASSWORT

PIN/HINWEIS

SONSTIGES

INTERNET SEITE

BENUTZERNAME

PASSWORT

PIN/HINWEIS

SONSTIGES

INTERNET SEITE

BENUTZERNAME

PASSWORT

PIN/HINWEIS

SONSTIGES

INTERNET SEITE

BENUTZERNAME

PASSWORT

PIN/HINWEIS

SONSTIGES

U

INTERNET SEITE

BENUTZERNAME

PASSWORT

PIN/HINWEIS

SONSTIGES

INTERNET SEITE

BENUTZERNAME

PASSWORT

PIN/HINWEIS

SONSTIGES

INTERNET SEITE

BENUTZERNAME

PASSWORT

PIN/HINWEIS

SONSTIGES

INTERNET SEITE

BENUTZERNAME

PASSWORT

PIN/HINWEIS

SONSTIGES

U

INTERNET SEITE

BENUTZERNAME

PASSWORT

PIN/HINWEIS

SONSTIGES

INTERNET SEITE

BENUTZERNAME

PASSWORT

PIN/HINWEIS

SONSTIGES

INTERNET SEITE

BENUTZERNAME

PASSWORT

PIN/HINWEIS

SONSTIGES

INTERNET SEITE

BENUTZERNAME

PASSWORT

PIN/HINWEIS

SONSTIGES

V

INTERNET SEITE

BENUTZERNAME

PASSWORT

PIN/HINWEIS

SONSTIGES

INTERNET SEITE

BENUTZERNAME

PASSWORT

PIN/HINWEIS

SONSTIGES

INTERNET SEITE

BENUTZERNAME

PASSWORT

PIN/HINWEIS

SONSTIGES

INTERNET SEITE

BENUTZERNAME

PASSWORT

PIN/HINWEIS

SONSTIGES

INTERNET SEITE

BENUTZERNAME

PASSWORT

PIN/HINWEIS

SONSTIGES

INTERNET SEITE

BENUTZERNAME

PASSWORT

PIN/HINWEIS

SONSTIGES

INTERNET SEITE

BENUTZERNAME

PASSWORT

PIN/HINWEIS

SONSTIGES

INTERNET SEITE

BENUTZERNAME

PASSWORT

PIN/HINWEIS

SONSTIGES

INTERNET SEITE

BENUTZERNAME

PASSWORT

PIN/HINWEIS

SONSTIGES

INTERNET SEITE

BENUTZERNAME

PASSWORT

PIN/HINWEIS

SONSTIGES

INTERNET SEITE

BENUTZERNAME

PASSWORT

PIN/HINWEIS

SONSTIGES

INTERNET SEITE

BENUTZERNAME

PASSWORT

PIN/HINWEIS

SONSTIGES

INTERNET SEITE

BENUTZERNAME

PASSWORT

PIN/HINWEIS

SONSTIGES

INTERNET SEITE

BENUTZERNAME

PASSWORT

PIN/HINWEIS

SONSTIGES

INTERNET SEITE

BENUTZERNAME

PASSWORT

PIN/HINWEIS

SONSTIGES

INTERNET SEITE

BENUTZERNAME

PASSWORT

PIN/HINWEIS

SONSTIGES

W

INTERNET SEITE

BENUTZERNAME

PASSWORT

PIN/HINWEIS

SONSTIGES

INTERNET SEITE

BENUTZERNAME

PASSWORT

PIN/HINWEIS

SONSTIGES

INTERNET SEITE

BENUTZERNAME

PASSWORT

PIN/HINWEIS

SONSTIGES

INTERNET SEITE

BENUTZERNAME

PASSWORT

PIN/HINWEIS

SONSTIGES

INTERNET SEITE

BENUTZERNAME

PASSWORT

PIN/HINWEIS

SONSTIGES

INTERNET SEITE

BENUTZERNAME

PASSWORT

PIN/HINWEIS

SONSTIGES

INTERNET SEITE

BENUTZERNAME

PASSWORT

PIN/HINWEIS

SONSTIGES

INTERNET SEITE

BENUTZERNAME

PASSWORT

PIN/HINWEIS

SONSTIGES

W

INTERNET SEITE

BENUTZERNAME

PASSWORT

PIN/HINWEIS

SONSTIGES

INTERNET SEITE

BENUTZERNAME

PASSWORT

PIN/HINWEIS

SONSTIGES

INTERNET SEITE

BENUTZERNAME

PASSWORT

PIN/HINWEIS

SONSTIGES

INTERNET SEITE

BENUTZERNAME

PASSWORT

PIN/HINWEIS

SONSTIGES

W

INTERNET SEITE

BENUTZERNAME

PASSWORT

PIN/HINWEIS

SONSTIGES

INTERNET SEITE

BENUTZERNAME

PASSWORT

PIN/HINWEIS

SONSTIGES

INTERNET SEITE

BENUTZERNAME

PASSWORT

PIN/HINWEIS

SONSTIGES

INTERNET SEITE

BENUTZERNAME

PASSWORT

PIN/HINWEIS

SONSTIGES

X

INTERNET SEITE

BENUTZERNAME

PASSWORT

PIN/HINWEIS

SONSTIGES

INTERNET SEITE

BENUTZERNAME

PASSWORT

PIN/HINWEIS

SONSTIGES

INTERNET SEITE

BENUTZERNAME

PASSWORT

PIN/HINWEIS

SONSTIGES

INTERNET SEITE

BENUTZERNAME

PASSWORT

PIN/HINWEIS

SONSTIGES

X

INTERNET SEITE

BENUTZERNAME

PASSWORT

PIN/HINWEIS

SONSTIGES

INTERNET SEITE

BENUTZERNAME

PASSWORT

PIN/HINWEIS

SONSTIGES

INTERNET SEITE

BENUTZERNAME

PASSWORT

PIN/HINWEIS

SONSTIGES

INTERNET SEITE

BENUTZERNAME

PASSWORT

PIN/HINWEIS

SONSTIGES

X

INTERNET SEITE

BENUTZERNAME

PASSWORT

PIN/HINWEIS

SONSTIGES

INTERNET SEITE

BENUTZERNAME

PASSWORT

PIN/HINWEIS

SONSTIGES

INTERNET SEITE

BENUTZERNAME

PASSWORT

PIN/HINWEIS

SONSTIGES

INTERNET SEITE

BENUTZERNAME

PASSWORT

PIN/HINWEIS

SONSTIGES

X

INTERNET SEITE

BENUTZERNAME

PASSWORT

PIN/HINWEIS

SONSTIGES

INTERNET SEITE

BENUTZERNAME

PASSWORT

PIN/HINWEIS

SONSTIGES

INTERNET SEITE

BENUTZERNAME

PASSWORT

PIN/HINWEIS

SONSTIGES

INTERNET SEITE

BENUTZERNAME

PASSWORT

PIN/HINWEIS

SONSTIGES

Y

INTERNET SEITE

BENUTZERNAME

PASSWORT

PIN/HINWEIS

SONSTIGES

INTERNET SEITE

BENUTZERNAME

PASSWORT

PIN/HINWEIS

SONSTIGES

INTERNET SEITE

BENUTZERNAME

PASSWORT

PIN/HINWEIS

SONSTIGES

INTERNET SEITE

BENUTZERNAME

PASSWORT

PIN/HINWEIS

SONSTIGES

Y

INTERNET SEITE

BENUTZERNAME

PASSWORT

PIN/HINWEIS

SONSTIGES

INTERNET SEITE

BENUTZERNAME

PASSWORT

PIN/HINWEIS

SONSTIGES

INTERNET SEITE

BENUTZERNAME

PASSWORT

PIN/HINWEIS

SONSTIGES

INTERNET SEITE

BENUTZERNAME

PASSWORT

PIN/HINWEIS

SONSTIGES

Y

INTERNET SEITE

BENUTZERNAME

PASSWORT

PIN/HINWEIS

SONSTIGES

INTERNET SEITE

BENUTZERNAME

PASSWORT

PIN/HINWEIS

SONSTIGES

INTERNET SEITE

BENUTZERNAME

PASSWORT

PIN/HINWEIS

SONSTIGES

INTERNET SEITE

BENUTZERNAME

PASSWORT

PIN/HINWEIS

SONSTIGES

INTERNET SEITE

BENUTZERNAME

PASSWORT

PIN/HINWEIS

SONSTIGES

INTERNET SEITE

BENUTZERNAME

PASSWORT

PIN/HINWEIS

SONSTIGES

INTERNET SEITE

BENUTZERNAME

PASSWORT

PIN/HINWEIS

SONSTIGES

INTERNET SEITE

BENUTZERNAME

PASSWORT

PIN/HINWEIS

SONSTIGES

Z

INTERNET SEITE

BENUTZERNAME

PASSWORT

PIN/HINWEIS

SONSTIGES

INTERNET SEITE

BENUTZERNAME

PASSWORT

PIN/HINWEIS

SONSTIGES

INTERNET SEITE

BENUTZERNAME

PASSWORT

PIN/HINWEIS

SONSTIGES

INTERNET SEITE

BENUTZERNAME

PASSWORT

PIN/HINWEIS

SONSTIGES

Z

INTERNET SEITE

BENUTZERNAME

PASSWORT

PIN/HINWEIS

SONSTIGES

INTERNET SEITE

BENUTZERNAME

PASSWORT

PIN/HINWEIS

SONSTIGES

INTERNET SEITE

BENUTZERNAME

PASSWORT

PIN/HINWEIS

SONSTIGES

INTERNET SEITE

BENUTZERNAME

PASSWORT

PIN/HINWEIS

SONSTIGES

INTERNET SEITE

BENUTZERNAME

PASSWORT

PIN/HINWEIS

SONSTIGES

INTERNET SEITE

BENUTZERNAME

PASSWORT

PIN/HINWEIS

SONSTIGES

INTERNET SEITE

BENUTZERNAME

PASSWORT

PIN/HINWEIS

SONSTIGES

INTERNET SEITE

BENUTZERNAME

PASSWORT

PIN/HINWEIS

SONSTIGES

Z

INTERNET SEITE

BENUTZERNAME

PASSWORT

PIN/HINWEIS

SONSTIGES

INTERNET SEITE

BENUTZERNAME

PASSWORT

PIN/HINWEIS

SONSTIGES

INTERNET SEITE

BENUTZERNAME

PASSWORT

PIN/HINWEIS

SONSTIGES

INTERNET SEITE

BENUTZERNAME

PASSWORT

PIN/HINWEIS

SONSTIGES

Printed in Germany
by Amazon Distribution
GmbH, Leipzig

30809915R00061